TRANZLATY

Language is for everyone

Taal is vir almal

Beauty and the Beast

Skoonheid en die Dier

Gabrielle-Suzanne Barbot de Villeneuve

English / Afrikaans

Copyright © 2025 Tranzlaty
All rights reserved
Published by Tranzlaty
ISBN: 978-1-83566-964-8
Original text by Gabrielle-Suzanne Barbot de Villeneuve
La Belle et la Bête
First published in French in 1740
Taken from The Blue Fairy Book (Andrew Lang)
Illustration by Walter Crane
www.tranzlaty.com

There was once a rich merchant
Daar was eens 'n ryk handelaar
this rich merchant had six children
hierdie ryk handelaar het ses kinders gehad
he had three sons and three daughters
hy het drie seuns en drie dogters gehad
he spared no cost for their education
hy het geen koste vir hul opvoeding ontsien nie
because he was a man of sense
want hy was 'n man van verstand
but he gave his children many servants
maar hy het sy kinders baie diensknegte gegee
his daughters were extremely pretty
sy dogters was baie mooi
and his youngest daughter was especially pretty
en sy jongste dogter was besonder mooi
as a child her Beauty was already admired
as kind was haar skoonheid reeds bewonder
and the people called her by her Beauty
en die volk het haar deur haar skoonheid genoem
her Beauty did not fade as she got older
haar skoonheid het nie vervaag soos sy ouer geword het nie
so the people kept calling her by her Beauty
daarom het die mense haar deur haar skoonheid bly roep
this made her sisters very jealous
dit het haar susters baie jaloers gemaak
the two eldest daughters had a great deal of pride
die twee oudste dogters het baie trots gehad
their wealth was the source of their pride
hulle rykdom was die bron van hulle trots
and they didn't hide their pride either

en hulle het ook nie hul trots weggesteek nie
they did not visit other merchants' daughters
hulle het nie ander handelaars se dogters besoek nie
because they only meet with aristocracy
want hulle ontmoet net aristokrasie
they went out every day to parties
hulle het elke dag uitgegaan na partytjies
balls, plays, concerts, and so forth
balle, toneelstukke, konserte, ensovoorts
and they laughed at their youngest sister
en hulle het vir hul jongste suster gelag
because she spent most of her time reading
omdat sy die meeste van haar tyd spandeer het aan lees
it was well known that they were wealthy
dit was welbekend dat hulle ryk was
so several eminent merchants asked for their hand
so het verskeie vooraanstaande handelaars om hul hand gevra
but they said they were not going to marry
maar hulle het gesê hulle gaan nie trou nie
but they were prepared to make some exceptions
maar hulle was bereid om 'n paar uitsonderings te maak
"perhaps I could marry a Duke"
"Miskien kan ek met 'n hertog trou"
"I guess I could marry an Earl"
"Ek dink ek kan met 'n graaf trou"
Beauty very civilly thanked those that proposed to her
skoonheid het baie beskaafd bedank vir diegene wat aan haar voorgestel het
she told them she was still too young to marry
sy het vir hulle gesê sy is nog te jonk om te trou
she wanted to stay a few more years with her father
sy wou nog 'n paar jaar by haar pa bly

All at once the merchant lost his fortune
Op een slag het die handelaar sy fortuin verloor
he lost everything apart from a small country house
hy het alles verloor behalwe 'n klein plattelandse huis
and he told his children with tears in his eyes:
en hy het vir sy kinders met trane in sy oë gesê:
"we must go to the countryside"
"ons moet platteland toe gaan"
"and we must work for our living"
"en ons moet werk vir ons lewe"
the two eldest daughters didn't want to leave the town
die twee oudste dogters wou nie die dorp verlaat nie
they had several lovers in the city
hulle het verskeie minnaars in die stad gehad
and they were sure one of their lovers would marry them
en hulle was seker een van hulle minnaars sou met hulle trou
they thought their lovers would marry them even with no fortune
hulle het gedink dat hul minnaars met hulle sou trou, selfs met geen fortuin nie
but the good ladies were mistaken
maar die goeie dames was verkeerd
their lovers abandoned them very quickly
hulle minnaars het hulle baie vinnig verlaat
because they had no fortunes any more
want hulle het geen fortuin meer gehad nie
this showed they were not actually well liked
dit het gewys dat hulle nie eintlik baie geliefd is nie
everybody said they do not deserve to be pitied
almal het gesê hulle verdien nie om bejammer te word nie

"we are glad to see their pride humbled"
"ons is bly om te sien hoe hul trots verneder is"
"let them be proud of milking cows"
"laat hulle trots wees om koeie te melk"
but they were concerned for Beauty
maar hulle was besorg oor skoonheid
she was such a sweet creature
sy was so 'n lieflike wese
she spoke so kindly to poor people
sy het so vriendelik met arm mense gepraat
and she was of such an innocent nature
en sy was van so 'n onskuldige aard
Several gentlemen would have married her
Verskeie here sou met haar getrou het
they would have married her even though she was poor
hulle sou met haar getrou het al was sy arm
but she told them she couldn't marry them
maar sy het vir hulle gesê sy kan nie met hulle trou nie
because she would not leave her father
want sy wou nie haar pa verlaat nie
she was determined to go with him to the countryside
sy was vasbeslote om saam met hom na die platteland te gaan
so that she could comfort and help him
sodat sy hom kon troos en help
Poor Beauty was very grieved at first
Arme skoonheid was aanvanklik baie bedroef
she was grieved by the loss of her fortune
sy was bedroef oor die verlies van haar fortuin
"but crying won't change my fortunes"
"maar om te huil sal nie my lot verander nie"
"I must try to make myself happy without wealth"

"Ek moet probeer om myself gelukkig te maak sonder rykdom"

they came to their country house
hulle het na hul plattelandse huis gekom
and the merchant and his three sons applied themselves to husbandry
en die handelaar en sy drie seuns het hulle op die landbou toegespits
Beauty rose at four in the morning
skoonheid het om vieruur in die oggend opgestaan
and she hurried to clean the house
en sy het haastig die huis skoongemaak
and she made sure dinner was ready
en sy het seker gemaak aandete is gereed
in the beginning she found her new life very difficult
aan die begin het sy haar nuwe lewe baie moeilik gevind
because she had not been used to such work
omdat sy nie aan sulke werk gewoond was nie
but in less than two months she grew stronger
maar in minder as twee maande het sy sterker geword
and she was healthier than ever before
en sy was gesonder as ooit tevore
after she had done her work she read
nadat sy haar werk gedoen het, het sy gelees
she played on the harpsichord
sy het op die klavesimbel gespeel
or she sung whilst she spun silk
of sy het gesing terwyl sy sy gespin het
on the contrary, her two sisters did not know how to spend their time
inteendeel, haar twee susters het nie geweet hoe om hul tyd deur te bring nie
they got up at ten and did nothing but laze about all

day
hulle het tienuur opgestaan en niks gedoen as om die hele dag te lui nie
they lamented the loss of their fine clothes
hulle het die verlies van hul mooi klere betreur
and they complained about losing their acquaintances
en hulle het gekla oor die verlies van hul kennisse
"Have a look at our youngest sister," they said to each other
"Kyk bietjie na ons jongste suster," sê hulle vir mekaar
"what a poor and stupid creature she is"
"wat 'n arm en dom skepsel is sy nie"
"it is mean to be content with so little"
"dit is gemeen om met so min tevrede te wees"
the kind merchant was of quite a different opinion
die vriendelike handelaar was van 'n heel ander mening
he knew very well that Beauty outshone her sisters
hy het baie goed geweet dat skoonheid haar susters oortref het
she outshone them in character as well as mind
sy het hulle oortref in karakter sowel as verstand
he admired her humility and her hard work
hy het haar nederigheid en haar harde werk bewonder
but most of all he admired her patience
maar bowenal het hy haar geduld bewonder
her sisters left her all the work to do
haar susters het vir haar al die werk gelos om te doen
and they insulted her every moment
en hulle het haar elke oomblik beledig
The family had lived like this for about a year
Die gesin het sowat 'n jaar lank so geleef
then the merchant got a letter from an accountant
toe kry die handelaar 'n brief van 'n rekenmeester

he had an investment in a ship
hy het 'n belegging in 'n skip gehad
and the ship had safely arrived
en die skip het veilig aangekom
this news turned the heads of the two eldest daughters
hierdie nuus het die twee oudste dogters se koppe laat draai
they immediately had hopes of returning to town
hulle het dadelik hoop gehad om terug te keer dorp toe
because they were quite weary of country life
want hulle was nogal moeg vir die plattelandse lewe
they went to their father as he was leaving
hulle het na hul pa gegaan toe hy weg was
they begged him to buy them new clothes
hulle het hom gesmeek om vir hulle nuwe klere te koop
dresses, ribbons, and all sorts of little things
rokke, linte, en allerhande klein dingetjies
but Beauty asked for nothing
maar skoonheid het niks gevra nie
because she thought the money wasn't going to be enough
omdat sy gedink het die geld gaan nie genoeg wees nie
there wouldn't be enough to buy everything her sisters wanted
daar sou nie genoeg wees om alles te koop wat haar susters wou hê nie
"What would you like, Beauty?" asked her father
"Wat wil jy hê, skoonheid?" vra haar pa
"thank you, father, for the goodness to think of me," she said
"dankie, vader, vir die goedheid om aan my te dink," het sy gesê
"father, be so kind as to bring me a rose"

"Vader, wees so vriendelik om vir my 'n roos te bring"
"because no roses grow here in the garden"
"want hier groei geen rose in die tuin nie"
"and roses are a kind of rarity"
"en rose is 'n soort rariteit"
Beauty didn't really care for roses
skoonheid het nie regtig vir rose omgegee nie
she only asked for something not to condemn her sisters
sy het net vir iets gevra om nie haar susters te veroordeel nie
but her sisters thought she asked for roses for other reasons
maar haar susters het gedink sy vra vir rose om ander redes
"she did it just to look particular"
"Sy het dit net gedoen om besonders te lyk"
The kind man went on his journey
Die gawe man het op sy reis gegaan
but when he arrived they argued about the merchandise
maar toe hy daar aankom, het hulle oor die handelsware gestry
and after a lot of trouble he came back as poor as before
en na baie moeilikheid het hy teruggekom so arm soos voorheen
he was within a couple of hours of his own house
hy was binne 'n paar uur van sy eie huis af
and he already imagined the joy of seeing his children
en hy het hom reeds die vreugde verbeel om sy kinders te sien
but when going through forest he got lost

maar toe hy deur die bos gaan, het hy verdwaal
it rained and snowed terribly
dit het vreeslik gereën en gesneeu
the wind was so strong it threw him off his horse
die wind was so sterk dat dit hom van sy perd af gegooi het
and night was coming quickly
en die nag het vinnig gekom
he began to think that he might starve
hy het begin dink dat hy dalk honger ly
and he thought that he might freeze to death
en hy het gedink dat hy sou doodvries
and he thought wolves may eat him
en hy het gedink wolwe mag hom eet
the wolves that he heard howling all round him
die wolwe wat hy rondom hom hoor huil het
but all of a sudden he saw a light
maar skielik het hy 'n lig gesien
he saw the light at a distance through the trees
hy het die lig op 'n afstand deur die bome gesien
when he got closer he saw the light was a palace
toe hy nader kom sien hy die lig is 'n paleis
the palace was illuminated from top to bottom
die paleis was van bo na onder verlig
the merchant thanked God for his luck
die handelaar het God gedank vir sy geluk
and he hurried to the palace
en hy het hom na die paleis gehaas
but he was surprised to see no people in the palace
maar hy was verbaas om geen mense in die paleis te sien nie
the court yard was completely empty
die binnehof was heeltemal leeg

and there was no sign of life anywhere
en daar was nêrens teken van lewe nie
his horse followed him into the palace
sy perd het hom in die paleis gevolg
and then his horse found large stable
en toe kry sy perd groot stal
the poor animal was almost famished
die arme dier was amper uitgehonger
so his horse went in to find hay and oats
daarom het sy perd ingegaan om hooi en hawer te vind
fortunately he found plenty to eat
gelukkig het hy genoeg te ete gekry
and the merchant tied his horse up to the manger
en die handelaar het sy perd aan die krip vasgemaak
walking towards the house he saw no one
na die huis toe gestap het, het hy niemand gesien nie
but in a large hall he found a good fire
maar in 'n groot saal het hy 'n goeie vuur gekry
and he found a table set for one
en hy het 'n tafel gekry wat vir een gedek is
he was wet from the rain and snow
hy was nat van die reën en sneeu
so he went near the fire to dry himself
daarom het hy naby die vuur gegaan om hom af te droog
"I hope the master of the house will excuse me"
"Ek hoop die eienaar van die huis sal my verskoon"
"I suppose it won't take long for someone to appear"
"Ek veronderstel dit sal nie lank neem vir iemand om te verskyn nie"
He waited a considerable time
Hy het 'n geruime tyd gewag
he waited until it struck eleven, and still nobody came

hy het gewag totdat dit elf slaan, en steeds het niemand gekom nie
at last he was so hungry that he could wait no longer
uiteindelik was hy so honger dat hy nie meer kon wag nie
he took some chicken and ate it in two mouthfuls
hy het 'n hoender gevat en dit in twee mondevol geëet
he was trembling while eating the food
hy het gebewe terwyl hy die kos geëet het
after this he drank a few glasses of wine
hierna het hy 'n paar glase wyn gedrink
growing more courageous he went out of the hall
moediger word hy uit die saal
and he crossed through several grand halls
en hy is deur verskeie groot sale
he walked through the palace until he came into a chamber
hy het deur die paleis gestap totdat hy in 'n kamer gekom het
a chamber which had an exceeding good bed in it
'n kamer waarin 'n buitengewone goeie bed was
he was very much fatigued from his ordeal
hy was baie moeg van sy beproewing
and the time was already past midnight
en die tyd was al oor middernag
so he decided it was best to shut the door
daarom het hy besluit dit is die beste om die deur toe te maak
and he concluded he should go to bed
en hy het tot die gevolgtrekking gekom hy moet gaan slaap
It was ten in the morning when the merchant woke up
Dit was tien die oggend toe die handelaar wakker word

just as he was going to rise he saw something
net toe hy gaan opstaan, sien hy iets
he was astonished to see a clean set of clothes
hy was verbaas om 'n skoon stel klere te sien
in the place where he had left his dirty clothes
op die plek waar hy sy vuil klere gelos het
"certainly this palace belongs to some kind fairy"
"Sekerlik behoort hierdie paleis aan een of ander soort fee"
"a fairy who has seen and pitied me"
"'n Feetjie wat my gesien en jammer gekry het"
he looked through a window
hy kyk deur 'n venster
but instead of snow he saw the most delightful garden
maar in plaas van sneeu het hy die heerlikste tuin gesien
and in the garden were the most beautiful roses
en in die tuin was die mooiste rose
he then returned to the great hall
hy is toe terug na die groot saal
the hall where he had had soup the night before
die saal waar hy die vorige aand sop gehad het
and he found some chocolate on a little table
en hy het 'n bietjie sjokolade op 'n tafeltjie gekry
"Thank you, good Madam Fairy," he said aloud
"Dankie, goeie Madam Fairy," sê hy hardop
"thank you for being so caring"
"dankie dat jy so omgee"
"I am extremely obliged to you for all your favours"
"Ek is uiters verplig teenoor jou vir al jou guns"
the kind man drank his chocolate
die gawe man het sy sjokolade gedrink
and then he went to look for his horse
en toe gaan soek hy sy perd

but in the garden he remembered Beauty's request
maar in die tuin onthou hy skoonheid se versoek
and he cut off a branch of roses
en hy het 'n takkie rose afgesny
immediately he heard a great noise
dadelik het hy 'n groot geluid gehoor
and he saw a terribly frightful Beast
en hy het 'n verskriklike vreeslike dier gesien
he was so scared that he was ready to faint
hy was so bang dat hy gereed was om flou te word
"You are very ungrateful," said the Beast to him
"Jy is baie ondankbaar," sê die dier vir hom
and the Beast spoke in a terrible voice
en die dier het met 'n vreeslike stem gepraat
"I have saved your life by allowing you into my castle"
"Ek het jou lewe gered deur jou in my kasteel toe te laat"
"and for this you steal my roses in return?"
"en hiervoor steel jy my rose in ruil daarvoor?"
"The roses which I value beyond anything"
"Die rose wat ek bo alles waardeer"
"but you shall die for what you've done"
"maar jy sal sterf vir wat jy gedoen het"
"I give you but a quarter of an hour to prepare yourself"
"Ek gee jou net 'n kwartier om jouself voor te berei"
"get yourself ready for death and say your prayers"
"maak jouself gereed vir die dood en bid jou gebede"
the merchant fell on his knees
die handelaar het op sy knieë geval
and he lifted up both his hands
en hy het albei sy hande opgehef
"My lord, I beseech you to forgive me"
"My heer, ek smeek U om my te vergewe"

"I had no intention of offending you"
"Ek was nie van plan om jou te beledig nie"
"I gathered a rose for one of my daughters"
"Ek het 'n roos vir een van my dogters bymekaargemaak"
"she asked me to bring her a rose"
"Sy het my gevra om vir haar 'n roos te bring"
"I am not your lord, but I am a Beast," replied the monster
"Ek is nie jou heer nie, maar ek is 'n dier," antwoord die monster
"I don't love compliments"
"Ek hou nie van komplimente nie"
"I like people who speak as they think"
"Ek hou van mense wat praat soos hulle dink"
"do not imagine I can be moved by flattery"
"Moenie dink ek kan deur vleiery ontroer word nie"
"But you say you have got daughters"
"Maar jy sê jy het dogters"
"I will forgive you on one condition"
"Ek sal jou vergewe op een voorwaarde"
"one of your daughters must come to my palace willingly"
"een van jou dogters moet gewillig na my paleis kom"
"and she must suffer for you"
"en sy moet vir jou ly"
"Let me have your word"
"Laat my jou woord sê"
"and then you can go about your business"
"en dan kan jy aangaan met jou besigheid"
"Promise me this:"
"Belowe my dit:"
"if your daughter refuses to die for you, you must

return within three months"
"As jou dogter weier om vir jou te sterf, moet jy binne drie maande terugkom."
the merchant had no intentions to sacrifice his daughters
die handelaar was nie van plan om sy dogters te offer nie
but, since he was given time, he wanted to see his daughters once more
maar, aangesien hy tyd gegun is, wou hy weer sy dogters sien
so he promised he would return
daarom het hy belowe hy sal terugkeer
and the Beast told him he might set out when he pleased
en die dier het vir hom gesê dat hy kon vertrek wanneer hy wou
and the Beast told him one more thing
en die dier het hom nog een ding vertel
"you shall not depart empty handed"
"jy mag nie met leë hande weggaan nie"
"go back to the room where you lay"
"gaan terug na die kamer waar jy gelê het"
"you will see a great empty treasure chest"
"jy sal 'n groot leë skatkis sien"
"fill the treasure chest with whatever you like best"
"vul die skatkis met wat jy ook al die lekkerste hou"
"and I will send the treasure chest to your home"
"en ek sal die skatkis na jou huis toe stuur"
and at the same time the Beast withdrew
en terselfdertyd het die dier teruggetrek
"Well," said the good man to himself
"Wel," sê die goeie man vir homself

"if I must die, I shall at least leave something to my children"
"as ek moet sterf, sal ek ten minste iets aan my kinders oorlaat"
so he returned to the bedchamber
daarom het hy teruggegaan na die slaapkamer
and he found a great many pieces of gold
en hy het 'n groot klomp stukke goud gevind
he filled the treasure chest the Beast had mentioned
hy het die skatkis gevul wat die dier genoem het
and he took his horse out of the stable
en hy het sy perd uit die stal gehaal
the joy he felt when entering the palace was now equal to the grief he felt leaving it
die vreugde wat hy gevoel het toe hy die paleis binnegegaan het, was nou gelyk aan die hartseer wat hy gevoel het om dit te verlaat
the horse took one of the roads of the forest
die perd het een van die paaie van die woud gevat
and in a few hours the good man was home
en oor 'n paar uur was die goeie man tuis
his children came to him
sy kinders het na hom toe gekom
but instead of receiving their embraces with pleasure, he looked at them
maar in plaas daarvan om hulle omhelsings met plesier te ontvang, het hy na hulle gekyk
he held up the branch he had in his hands
hy het die tak wat hy in sy hande gehad het omhoog gehou
and then he burst into tears
en toe bars hy in trane uit
"Beauty," he said, "please take these roses"

"skoonheid," het hy gesê, "neem asseblief hierdie rose"
"you can't know how costly these roses have been"
"Jy kan nie weet hoe duur hierdie rose was nie"
"these roses have cost your father his life"
"hierdie rose het jou pa sy lewe gekos"
and then he told of his fatal adventure
en toe vertel hy van sy noodlottige avontuur
immediately the two eldest sisters cried out
dadelik het die twee oudste susters uitgeroep
and they said many mean things to their beautiful sister
en hulle het baie slegte dinge vir hulle pragtige suster gesê
but Beauty did not cry at all
maar skoonheid het glad nie gehuil nie
"Look at the pride of that little wretch," said they
"Kyk na die trots van daardie klein ellendeling," sê hulle
"she did not ask for fine clothes"
"sy het nie vir mooi klere gevra nie"
"she should have done what we did"
"sy moes gedoen het wat ons gedoen het"
"she wanted to distinguish herself"
"sy wou haarself onderskei"
"so now she will be the death of our father"
"so nou sal sy die dood van ons vader wees"
"and yet she does not shed a tear"
"en tog pik sy nie 'n traan nie"
"Why should I cry?" answered Beauty
"Hoekom moet ek huil?" het skoonheid geantwoord
"crying would be very needless"
"huil sou baie onnodig wees"
"my father will not suffer for me"
"my pa sal nie vir my ly nie"

"the monster will accept of one of his daughters"
"die monster sal een van sy dogters aanvaar"
"I will offer myself up to all his fury"
"Ek sal myself aan al sy grimmigheid oordra"
"I am very happy, because my death will save my father's life"
"Ek is baie bly, want my dood sal my pa se lewe red"
"my death will be a proof of my love"
"my dood sal 'n bewys van my liefde wees"
"No, sister," said her three brothers
"Nee, suster," sê haar drie broers
"that shall not be"
"dit sal nie wees nie"
"we will go find the monster"
"ons sal die monster gaan soek"
"and either we will kill him..."
"en óf ons sal hom doodmaak ..."
"... or we will perish in the attempt"
"... of ons sal vergaan in die poging"
"Do not imagine any such thing, my sons," said the merchant
"Moenie jou so iets voorstel nie, my seuns," sê die handelaar
"the Beast's power is so great that I have no hope you could overcome him"
"Die dier se krag is so groot dat ek geen hoop het dat jy hom kan oorwin nie"
"I am charmed with Beauty's kind and generous offer"
"Ek is bekoor met skoonheid se vriendelike en vrygewige aanbod"
"but I cannot accept to her generosity"
"maar ek kan nie haar vrygewigheid aanvaar nie"
"I am old, and I don't have long to live"

"Ek is oud, en ek het nie lank om te lewe nie"
"so I can only loose a few years"
"so ek kan net 'n paar jaar verloor"
"time which I regret for you, my dear children"
"tyd waaroor ek spyt is vir julle, my liewe kinders"
"But father," said Beauty
"Maar pa," sê skoonheid
"you shall not go to the palace without me"
"Jy mag nie na die paleis gaan sonder my nie"
"you cannot stop me from following you"
"Jy kan my nie keer om jou te volg nie"
nothing could convince Beauty otherwise
niks kon skoonheid anders oortuig nie
she insisted on going to the fine palace
sy het aangedring om na die fyn paleis te gaan
and her sisters were delighted at her insistence
en haar susters was verheug oor haar aandrang
The merchant was worried at the thought of losing his daughter
Die handelaar was bekommerd oor die gedagte om sy dogter te verloor
he was so worried that he had forgotten about the chest full of gold
hy was so bekommerd dat hy vergeet het van die kis vol goud
at night he retired to rest, and he shut his chamber door
in die nag het hy teruggetrek om te rus, en hy het sy kamerdeur toegemaak
then, to his great astonishment, he found the treasure by his bedside
toe vind hy tot sy groot verbasing die skat langs sy bed
he was determined not to tell his children

hy was vasbeslote om dit nie vir sy kinders te vertel nie
if they knew, they would have wanted to return to town
as hulle geweet het, sou hulle wou terugkeer dorp toe
and he was resolved not to leave the countryside
en hy was vasbeslote om nie die platteland te verlaat nie
but he trusted Beauty with the secret
maar hy het skoonheid met die geheim vertrou
she informed him that two gentlemen had came
sy het hom meegedeel dat twee here gekom het
and they made proposals to her sisters
en hulle het aan haar susters voorstelle gemaak
she begged her father to consent to their marriage
sy het haar pa gesmeek om in te stem tot hul huwelik
and she asked him to give them some of his fortune
en sy het hom gevra om vir hulle van sy fortuin te gee
she had already forgiven them
sy het hulle reeds vergewe
the wicked creatures rubbed their eyes with onions
die goddelose wesens het hul oë met uie gevryf
to force some tears when they parted with their sister
om 'n paar trane te dwing toe hulle met hul suster geskei het
but her brothers really were concerned
maar haar broers was regtig bekommerd
Beauty was the only one who did not shed any tears
skoonheid was die enigste een wat geen trane gestort het nie
she did not want to increase their uneasiness
sy wou nie hul onrustigheid vermeerder nie
the horse took the direct road to the palace
die perd het die direkte pad na die paleis geneem
and towards evening they saw the illuminated palace

en teen die aand het hulle die verligte paleis gesien
the horse took himself into the stable again
die perd het homself weer in die stal geneem
and the good man and his daughter went into the great hall
en die goeie man en sy dogter het in die groot saal ingegaan
here they found a table splendidly served up
hier kry hulle 'n tafel wat pragtig opgedien is
the merchant had no appetite to eat
die handelaar het geen eetlus gehad nie
but Beauty endeavoured to appear cheerful
maar skoonheid het probeer om vrolik te voorkom
she sat down at the table and helped her father
sy gaan sit by die tafel en help haar pa
but she also thought to herself:
maar sy het ook by haarself gedink:
"Beast surely wants to fatten me before he eats me"
"bees wil my sekerlik vetmaak voor hy my eet"
"that is why he provides such plentiful entertainment"
"dit is hoekom hy so volop vermaak verskaf"
after they had eaten they heard a great noise
nadat hulle geëet het, het hulle 'n groot geluid gehoor
and the merchant bid his unfortunate child farewell, with tears in his eyes
en die handelaar het met trane in sy oë van sy ongelukkige kind afskeid geneem
because he knew the Beast was coming
want hy het geweet die dier kom
Beauty was terrified at his horrid form
skoonheid was verskrik oor sy aaklige vorm
but she took courage as well as she could
maar sy het moed gevat so goed sy kon

and the monster asked her if she came willingly
en die monster het haar gevra of sy gewillig kom
"yes, I have come willingly," she said trembling
"Ja, ek het gewillig gekom," sê sy bewend
the Beast responded, "You are very good"
die dier het geantwoord: "Jy is baie goed"
"and I am greatly obliged to you; honest man"
"en ek is baie verplig teenoor jou, eerlike man"
"go your ways tomorrow morning"
"gaan môre oggend jou weë"
"but never think of coming here again"
"maar moet nooit daaraan dink om weer hierheen te kom nie"
"Farewell Beauty, farewell Beast," he answered
"Vaarwel skoonheid, vaarwel dier," antwoord hy
and immediately the monster withdrew
en dadelik het die monster teruggetrek
"Oh, daughter," said the merchant
"O, dogter," sê die handelaar
and he embraced his daughter once more
en hy het sy dogter weer omhels
"I am almost frightened to death"
"Ek is amper doodbang"
"believe me, you had better go back"
"glo my, jy moet beter teruggaan"
"let me stay here, instead of you"
"laat ek hier bly, in plaas van jou"
"No, father," said Beauty, in a resolute tone
"Nee, pa," sê skoonheid, in 'n vasberade toon
"you shall set out tomorrow morning"
"jy sal môreoggend vertrek"
"leave me to the care and protection of providence"
"laat my oor aan die sorg en beskerming van die

voorsienigheid"
nonetheless they went to bed
nietemin het hulle gaan slaap
they thought they would not close their eyes all night
hulle het gedink hulle sal nie die hele nag hul oë toemaak nie
but just as they lay down they slept
maar net toe hulle gaan lê het, het hulle geslaap
Beauty dreamed a fine lady came and said to her:
skoonheid het gedroom 'n goeie vrou kom en sê vir haar:
"I am content, Beauty, with your good will"
"Ek is tevrede, skoonheid, met jou goeie wil"
"this good action of yours shall not go unrewarded"
"hierdie goeie daad van jou sal nie onbeloning bly nie"
Beauty waked and told her father her dream
skoonheid het wakker geword en vir haar pa haar droom vertel
the dream helped to comfort him a little
die droom het gehelp om hom 'n bietjie te troos
but he could not help crying bitterly as he was leaving
maar hy kon nie help om bitterlik te huil toe hy weggaan nie
as soon as he was gone, Beauty sat down in the great hall and cried too
sodra hy weg is, het skoonheid in die groot saal gaan sit en ook gehuil
but she resolved not to be uneasy
maar sy het besluit om nie onrustig te wees nie
she decided to be strong for the little time she had left to live
sy het besluit om sterk te wees vir die bietjie tyd wat sy oor het om te lewe
because she firmly believed the Beast would eat her

omdat sy vas geglo het die dier sou haar eet
however, she thought she might as well explore the palace
sy het egter gedink sy kan net sowel die paleis verken
and she wanted to view the fine castle
en sy wou die pragtige kasteel bekyk
a castle which she could not help admiring
'n kasteel wat sy nie kon help om te bewonder nie
it was a delightfully pleasant palace
dit was 'n heerlike aangename paleis
and she was extremely surprised at seeing a door
en sy was uiters verbaas om 'n deur te sien
and over the door was written that it was her room
en oor die deur was geskryf dat dit haar kamer was
she opened the door hastily
sy maak die deur haastig oop
and she was quite dazzled with the magnificence of the room
en sy was nogal verblind deur die prag van die kamer
what chiefly took up her attention was a large library
wat hoofsaaklik haar aandag getrek het, was 'n groot biblioteek
a harpsichord and several music books
'n klavesimbel en verskeie musiekboeke
"Well," said she to herself
"Wel," sê sy vir haarself
"I see the Beast will not let my time hang heavy"
"Ek sien die dier sal nie my tyd swaar laat hang nie"
then she reflected to herself about her situation
toe besin sy by haarself oor haar situasie
"If I was meant to stay a day all this would not be here"
"As ek bedoel was om 'n dag te bly, sou dit alles nie hier gewees het nie."

this consideration inspired her with fresh courage
hierdie oorweging het haar met nuwe moed besiel
and she took a book from her new library
en sy het 'n boek uit haar nuwe biblioteek geneem
and she read these words in golden letters:
en sy lees hierdie woorde in goue letters:
"Welcome Beauty, banish fear"
"Welkom skoonheid, verban vrees"
"You are queen and mistress here"
"Jy is koningin en minnares hier"
"Speak your wishes, speak your will"
"Spreek jou wense, spreek jou wil"
"Swift obedience meets your wishes here"
"Vinnige gehoorsaamheid voldoen hier aan jou wense"
"Alas," said she, with a sigh
"Ai," sê sy met 'n sug
"Most of all I wish to see my poor father"
"Die meeste van alles wil ek my arme pa sien"
"and I would like to know what he is doing"
"en ek wil graag weet wat hy doen"
As soon as she had said this she noticed the mirror
Sodra sy dit gesê het, het sy die spieël opgemerk
to her great amazement she saw her own home in the mirror
tot haar groot verbasing sien sy haar eie huis in die spieël
her father arrived emotionally exhausted
haar pa het emosioneel uitgeput opgedaag
her sisters went to meet him
haar susters het hom gaan ontmoet
despite their attempts to appear sorrowful, their joy was visible
ten spyte van hul pogings om bedroef te voorkom, was

hul vreugde sigbaar
a moment later everything disappeared
'n oomblik later het alles verdwyn
and Beauty's apprehensions disappeared too
en skoonheid se bekommernisse het ook verdwyn
for she knew she could trust the Beast
want sy het geweet sy kan die dier vertrou
At noon she found dinner ready
Die middag het sy aandete gereed gekry
she sat herself down at the table
sy gaan sit by die tafel
and she was entertained with a concert of music
en sy is vermaak met 'n konsert van musiek
although she couldn't see anybody
al kon sy niemand sien nie
at night she sat down for supper again
saans het sy weer aangesit vir aandete
this time she heard the noise the Beast made
hierdie keer hoor sy die geraas wat die dier gemaak het
and she could not help being terrified
en sy kon nie help om verskrik te wees nie
"Beauty," said the monster
"skoonheid," sê die monster
"do you allow me to eat with you?"
"laat jy my toe om saam met jou te eet?"
"do as you please," Beauty answered trembling
"maak soos jy wil," antwoord skoonheid bewend
"No," replied the Beast
"Nee," antwoord die dier
"you alone are mistress here"
"jy alleen is minnares hier"
"you can send me away if I'm troublesome"
"Jy kan my wegstuur as ek lastig is"

"send me away and I will immediately withdraw"
"stuur my weg en ek sal dadelik onttrek"
"But, tell me; do you not think I am very ugly?"
"Maar sê vir my; dink jy nie ek is baie lelik nie?"
"That is true," said Beauty
"Dit is waar," sê skoonheid
"I cannot tell a lie"
"Ek kan nie 'n leuen vertel nie"
"but I believe you are very good natured"
"maar ek glo jy is baie goed van aard"
"I am indeed," said the monster
"Ek is inderdaad," sê die monster
"But apart from my ugliness, I also have no sense"
"Maar behalwe vir my lelikheid, het ek ook geen sin nie"
"I know very well that I am a silly creature"
"Ek weet baie goed dat ek 'n simpel skepsel is"
"It is no sign of folly to think so," replied Beauty
"Dit is geen teken van dwaasheid om so te dink nie," antwoord skoonheid
"Eat then, Beauty," said the monster
"Eet dan, skoonheid," sê die monster
"try to amuse yourself in your palace"
"probeer om jouself te vermaak in jou paleis"
"everything here is yours"
"alles hier is joune"
"and I would be very uneasy if you were not happy"
"en ek sal baie onrustig wees as jy nie gelukkig was nie"
"You are very obliging," answered Beauty
"Jy is baie behulpsaam," antwoord skoonheid
"I admit I am pleased with your kindness"
"Ek erken ek is tevrede met jou vriendelikheid"
"and when I consider your kindness, I hardly notice your deformities"

"en as ek jou goedhartigheid in ag neem, merk ek jou misvormings skaars op"
"Yes, yes," said the Beast, "my heart is good
"Ja, ja," sê die dier, "my hart is goed
but although I am good, I am still a monster"
"maar hoewel ek goed is, is ek steeds 'n monster"
"There are many men that deserve that name more than you"
"Daar is baie mans wat daardie naam meer verdien as jy"
"and I prefer you just as you are"
"en ek verkies jou net soos jy is"
"and I prefer you more than those who hide an ungrateful heart"
"en ek verkies jou meer as die wat 'n ondankbare hart verberg"
"if only I had some sense," replied the Beast
"as ek maar 'n bietjie verstand gehad het," antwoord die dier
"if I had sense I would make a fine compliment to thank you"
"As ek verstand gehad het, sou ek 'n goeie kompliment maak om jou te bedank"
"but I am so dull"
"maar ek is so dof"
"I can only say I am greatly obliged to you"
"Ek kan net sê ek is baie verplig teenoor jou"
Beauty ate a hearty supper
skoonheid het 'n stewige aandete geëet
and she had almost conquered her dread of the monster
en sy het amper haar vrees vir die monster oorwin
but she wanted to faint when the Beast asked her the next question

maar sy wou flou word toe die dier haar die volgende vraag vra
"Beauty, will you be my wife?"
"skoonheid, sal jy my vrou wees?"
she took some time before she could answer
sy het 'n rukkie geneem voordat sy kon antwoord
because she was afraid of making him angry
omdat sy bang was om hom kwaad te maak
at last, however, she said "no, Beast"
uiteindelik het sy egter gesê "nee, dier"
immediately the poor monster hissed very frightfully
dadelik sis die arme monster baie skrikwekkend
and the whole palace echoed
en die hele paleis het weerklink
but Beauty soon recovered from her fright
maar skoonheid het gou herstel van haar skrik
because Beast spoke again in a mournful voice
want die dier het weer met 'n treurige stem gepraat
"then farewell, Beauty"
"toesiens, skoonheid"
and he only turned back now and then
en hy het net nou en dan teruggedraai
to look at her as he went out
om na haar te kyk terwyl hy uitgaan
now Beauty was alone again
nou was skoonheid weer alleen
she felt a great deal of compassion
sy het 'n groot mate van deernis gevoel
"Alas, it is a thousand pities"
"Ai, dit is 'n duisend jammerte"
"anything so good natured should not be so ugly"
"enigiets so goed van aard moet nie so lelik wees nie"
Beauty spent three months very contentedly in the

palace
skoonheid het drie maande baie tevrede in die paleis deurgebring
every evening the Beast paid her a visit
elke aand het die dier haar besoek afgelê
and they talked during supper
en hulle het tydens die aandete gepraat
they talked with common sense
hulle het met gesonde verstand gepraat
but they didn't talk with what people call wittiness
maar hulle het nie gepraat met wat mense geestigheid noem nie
Beauty always discovered some valuable character in the Beast
skoonheid het altyd een of ander waardevolle karakter in die dier ontdek
and she had gotten used to his deformity
en sy het gewoond geraak aan sy misvorming
she didn't dread the time of his visit anymore
sy het nie meer die tyd van sy besoek gevrees nie
now she often looked at her watch
nou het sy gereeld op haar horlosie gekyk
and she couldn't wait for it to be nine o'clock
en sy kon nie wag dat dit nege-uur is nie
because the Beast never missed coming at that hour
want die dier het nooit gemis om op daardie uur te kom nie
there was only one thing that concerned Beauty
daar was net een ding wat betrekking het op skoonheid
every night before she went to bed the Beast asked her the same question
elke aand voor sy gaan slaap het die dier haar dieselfde vraag gevra

the monster asked her if she would be his wife
die monster het haar gevra of sy sy vrou sou wees
one day she said to him, "Beast, you make me very uneasy"
eendag sê sy vir hom: "bees, jy maak my baie onrustig"
"I wish I could consent to marry you"
"Ek wens ek kon instem om met jou te trou"
"but I am too sincere to make you believe I would marry you"
"maar ek is te opreg om jou te laat glo ek sal met jou trou"
"our marriage will never happen"
"ons huwelik sal nooit gebeur nie"
"I shall always see you as a friend"
"Ek sal jou altyd as 'n vriend sien"
"please try to be satisfied with this"
"Probeer asseblief om hiermee tevrede te wees"
"I must be satisfied with this," said the Beast
"Hiermee moet ek tevrede wees," sê die dier
"I know my own misfortune"
"Ek ken my eie ongeluk"
"but I love you with the tenderest affection"
"maar ek het jou lief met die teerste liefde"
"However, I ought to consider myself as happy"
"Ek behoort myself egter as gelukkig te beskou"
"and I should be happy that you will stay here"
"en ek moet bly wees dat jy hier sal bly"
"promise me never to leave me"
"belowe my om my nooit te verlaat nie"
Beauty blushed at these words
skoonheid bloos vir hierdie woorde
one day Beauty was looking in her mirror
eendag het skoonheid in haar spieël gekyk

her father had worried himself sick for her
haar pa het hom siek vir haar bekommer
she longed to see him again more than ever
sy verlang meer as ooit om hom weer te sien
"I could promise never to leave you entirely"
"Ek kan belowe om jou nooit heeltemal te verlaat nie"
"but I have so great a desire to see my father"
"maar ek het so 'n groot begeerte om my pa te sien"
"I would be impossibly upset if you say no"
"Ek sal onmoontlik ontsteld wees as jy nee sê"
"I had rather die myself," said the monster
"Ek moes liewer self sterf," sê die monster
"I would rather die than make you feel uneasiness"
"Ek sal eerder sterf as om jou ongemaklik te laat voel"
"I will send you to your father"
"Ek sal jou na jou pa toe stuur"
"you shall remain with him"
"jy sal by hom bly"
"and this unfortunate Beast will die with grief instead"
"en hierdie ongelukkige dier sal eerder met hartseer sterf"
"No," said Beauty, weeping
"Nee," sê skoonheid huilend
"I love you too much to be the cause of your death"
"Ek is te lief vir jou om die oorsaak van jou dood te wees"
"I give you my promise to return in a week"
"Ek gee jou my belofte om oor 'n week terug te keer"
"You have shown me that my sisters are married"
"Jy het my gewys dat my susters getroud is"
"and my brothers have gone to the army"
"en my broers het na die weermag gegaan"
"let me stay a week with my father, as he is alone"

"laat ek 'n week by my pa bly, want hy is alleen"
"You shall be there tomorrow morning," said the Beast
"Môreoggend sal jy daar wees," sê die dier
"but remember your promise"
"maar onthou jou belofte"
"You need only lay your ring on a table before you go to bed"
"Jy hoef net jou ring op 'n tafel te lê voor jy gaan slaap"
"and then you will be brought back before the morning"
"en dan sal jy voor die môre teruggebring word"
"Farewell dear Beauty," sighed the Beast
"Vaarwel liewe skoonheid," sug die dier
Beauty went to bed very sad that night
skoonheid het daardie aand baie hartseer gaan slaap
because she didn't want to see Beast so worried
want sy wou nie die dier so bekommerd sien nie
the next morning she found herself at her father's home
die volgende oggend het sy haarself by haar pa se huis bevind
she rung a little bell by her bedside
sy lui 'n klokkie langs haar bed
and the maid gave a loud shriek
en die diensmeisie het 'n harde gil gegee
and her father ran upstairs
en haar pa het boontoe gehardloop
he thought he was going to die with joy
hy het gedink hy gaan van blydskap sterf
he held her in his arms for quarter of an hour
hy het haar vir 'n kwartier in sy arms gehou
eventually the first greetings were over
uiteindelik was die eerste groete verby

Beauty began to think of getting out of bed
skoonheid het begin dink om uit die bed op te staan
but she realized she had brought no clothes
maar sy het besef sy het geen klere saamgebring nie
but the maid told her she had found a box
maar die bediende het vir haar gesê sy het 'n boks gekry
the large trunk was full of gowns and dresses
die groot kattebak was vol togas en rokke
each gown was covered with gold and diamonds
elke rok was bedek met goud en diamante
Beauty thanked Beast for his kind care
skoonheid bedank dier vir sy vriendelike sorg
and she took one of the plainest of the dresses
en sy het een van die eenvoudigste van die rokke geneem
she intended to give the other dresses to her sisters
sy was van plan om die ander rokke vir haar susters te gee
but at that thought the chest of clothes disappeared
maar by daardie gedagte het die kis klere verdwyn
Beast had insisted the clothes were for her only
Die dier het volgehou die klere is net vir haar
her father told her that this was the case
haar pa het vir haar gesê dit is die geval
and immediately the trunk of clothes came back again
en dadelik het die klerekas weer teruggekom
Beauty dressed herself with her new clothes
skoonheid het haarself aangetrek met haar nuwe klere
and in the meantime maids went to find her sisters
en intussen het diensmeisies haar susters gaan soek
both her sister were with their husbands
albei haar susters was by hul mans
but both her sisters were very unhappy

maar albei haar susters was baie ongelukkig
her eldest sister had married a very handsome gentleman
haar oudste suster het met 'n baie aantreklike heer getrou
but he was so fond of himself that he neglected his wife
maar hy was so lief vir homself dat hy sy vrou verwaarloos het
her second sister had married a witty man
haar tweede suster het met 'n geestige man getrou
but he used his wittiness to torment people
maar hy het sy geestigheid gebruik om mense te pynig
and he tormented his wife most of all
en hy het sy vrou die meeste van alles gepynig
Beauty's sisters saw her dressed like a princess
skoonheid se susters het haar soos 'n prinses geklee gesien
and they were sickened with envy
en hulle was siek van afguns
now she was more beautiful than ever
nou was sy mooier as ooit
her affectionate behaviour could not stifle their jealousy
haar liefdevolle gedrag kon nie hul jaloesie smoor nie
she told them how happy she was with the Beast
sy het vir hulle vertel hoe gelukkig sy was met die dier
and their jealousy was ready to burst
en hulle jaloesie was gereed om te bars
They went down into the garden to cry about their misfortune
Hulle het in die tuin afgegaan om oor hul ongeluk te huil

"In what way is this little creature better than us?"
"Op watter manier is hierdie skepseltjie beter as ons?"
"Why should she be so much happier?"
"Hoekom moet sy soveel gelukkiger wees?"
"Sister," said the older sister
"Suster," sê die ouer suster
"a thought just struck my mind"
"'n Gedagte het net my kop getref"
"let us try to keep her here for more than a week"
"laat ons probeer om haar vir meer as 'n week hier te hou"
"perhaps this will enrage the silly monster"
"miskien sal dit die simpel monster woedend maak"
"because she would have broken her word"
"want sy sou haar woord gebreek het"
"and then he might devour her"
"en dan kan hy haar verslind"
"that's a great idea," answered the other sister
"dis 'n goeie idee," antwoord die ander suster
"we must show her as much kindness as possible"
"ons moet haar soveel vriendelikheid as moontlik betoon"
the sisters made this their resolution
die susters het dit hul besluit gemaak
and they behaved very affectionately to their sister
en hulle het baie liefdevol teenoor hulle suster opgetree
poor Beauty wept for joy from all their kindness
arme skoonheid het geween van blydskap van al hulle goedhartigheid
when the week was expired, they cried and tore their hair
toe die week verby was, het hulle gehuil en hul hare geskeur

they seemed so sorry to part with her
hulle het so jammer gelyk om van haar te skei
and Beauty promised to stay a week longer
en skoonheid het belowe om 'n week langer te bly
In the meantime, Beauty could not help reflecting on herself
Intussen kon skoonheid nie help om oor haarself na te dink nie
she worried what she was doing to poor Beast
sy was bekommerd wat sy aan die arme dier doen
she know that she sincerely loved him
sy weet dat sy opreg lief was vir hom
and she really longed to see him again
en sy het baie verlang om hom weer te sien
the tenth night she spent at her father's too
die tiende nag het sy ook by haar pa deurgebring
she dreamed she was in the palace garden
sy het gedroom sy is in die paleistuin
and she dreamt she saw the Beast extended on the grass
en sy het gedroom sy sien die dier uitgestrek op die gras
he seemed to reproach her in a dying voice
dit het gelyk of hy haar met 'n sterwende stem verwyt
and he accused her of ingratitude
en hy het haar van ondankbaarheid beskuldig
Beauty woke up from her sleep
skoonheid het uit haar slaap wakker geword
and she burst into tears
en sy het in trane uitgebars
"Am I not very wicked?"
"Is ek nie baie goddeloos nie?"
"Was it not cruel of me to act so unkindly to the Beast?"
"Was dit nie wreed van my om so onvriendelik teenoor

die dier op te tree nie?"
"Beast did everything to please me"
"dier het alles gedoen om my te behaag"
"Is it his fault that he is so ugly?"
"Is dit sy skuld dat hy so lelik is?"
"Is it his fault that he has so little wit?"
"Is dit sy skuld dat hy so min verstand het?"
"He is kind and good, and that is sufficient"
"Hy is vriendelik en goed, en dit is voldoende"
"Why did I refuse to marry him?"
"Hoekom het ek geweier om met hom te trou?"
"I should be happy with the monster"
"Ek behoort gelukkig te wees met die monster"
"look at the husbands of my sisters"
"kyk na die mans van my susters"
"neither wittiness, nor a being handsome makes them good"
"nóg geestigheid, nóg 'n mooi wese maak hulle goed nie"
"neither of their husbands makes them happy"
"nie een van hul mans maak hulle gelukkig nie"
"but virtue, sweetness of temper, and patience"
"maar deug, soetheid van humeur en geduld"
"these things make a woman happy"
"Hierdie dinge maak 'n vrou gelukkig"
"and the Beast has all these valuable qualities"
"en die dier het al hierdie waardevolle eienskappe"
"it is true; I do not feel the tenderness of affection for him"
"dit is waar; ek voel nie die teerheid van liefde vir hom nie"
"but I find I have the highest gratitude for him"
"maar ek vind ek het die grootste dankbaarheid vir hom"
"and I have the highest esteem of him"

"en ek het die hoogste agting van hom"
"and he is my best friend"
"en hy is my beste vriend"
"I will not make him miserable"
"Ek sal hom nie ellendig maak nie"
"If were I to be so ungrateful I would never forgive myself"
"As ek so ondankbaar sou wees, sou ek myself nooit vergewe nie"
Beauty put her ring on the table
skoonheid het haar ring op die tafel gesit
and she went to bed again
en sy het weer gaan slaap
scarce was she in bed before she fell asleep
skaars was sy in die bed voor sy aan die slaap geraak het
she woke up again the next morning
sy het die volgende oggend weer wakker geword
and she was overjoyed to find herself in the Beast's palace
en sy was verheug om haarself in die dier se paleis te bevind
she put on one of her nicest dress to please him
sy het een van haar mooiste rokke aangetrek om hom tevrede te stel
and she patiently waited for evening
en sy het geduldig gewag vir die aand
at last the wished-for hour came
uiteindelik het die verlangde uur gekom
the clock struck nine, yet no Beast appeared
die klok het nege geslaan, maar geen dier het verskyn nie
Beauty then feared she had been the cause of his death
skoonheid het toe gevrees dat sy die oorsaak van sy

dood was
she ran crying all around the palace
sy hardloop huilend oral om die paleis
after having sought for him everywhere, she remembered her dream
nadat sy oral na hom gesoek het, het sy haar droom onthou
and she ran to the canal in the garden
en sy hardloop na die kanaal in die tuin
there she found poor Beast stretched out
daar het sy die arme dier uitgestrek gevind
and she was sure she had killed him
en sy was seker sy het hom doodgemaak
she threw herself upon him without any dread
sy het haar sonder enige vrees oor hom gegooi
his heart was still beating
sy hart het steeds geklop
she fetched some water from the canal
sy het bietjie water uit die kanaal gaan haal
and she poured the water on his head
en sy het die water op sy kop gegooi
the Beast opened his eyes and spoke to Beauty
die dier het sy oë oopgemaak en met skoonheid gepraat
"You forgot your promise"
"Jy het jou belofte vergeet"
"I was so heartbroken to have lost you"
"Ek was so hartseer om jou te verloor het"
"I resolved to starve myself"
"Ek het besluit om myself uit te honger"
"but I have the happiness of seeing you once more"
"maar ek het die geluk om jou weer te sien"
"so I have the pleasure of dying satisfied"
"dus het ek die plesier om tevrede te sterf"

"No, dear Beast," said Beauty, "you must not die"
"Nee, liewe dier," sê skoonheid, "jy mag nie sterf nie"
"Live to be my husband"
"Leef om my man te wees"
"from this moment I give you my hand"
"van hierdie oomblik af gee ek jou my hand"
"and I swear to be none but yours"
"en ek sweer om niemand anders as joune te wees nie"
"Alas! I thought I had only a friendship for you"
"Ai! Ek het gedink ek het net 'n vriendskap vir jou"
"but the grief I now feel convinces me;"
"maar die hartseer wat ek nou voel, oortuig my;"
"I cannot live without you"
"Ek kan nie sonder jou lewe nie"
Beauty scarce had said these words when she saw a light
skoonheid het hierdie woorde skaars gesê toe sy 'n lig sien
the palace sparkled with light
die paleis het geskitter van lig
fireworks lit up the sky
vuurwerke het die lug verlig
and the air filled with music
en die lug gevul met musiek
everything gave notice of some great event
alles het kennis gegee van een of ander groot gebeurtenis
but nothing could hold her attention
maar niks kon haar aandag vashou nie
she turned to her dear Beast
sy draai na haar dierbare dier
the Beast for whom she trembled with fear
die dier vir wie sy gebewe het van vrees
but her surprise was great at what she saw!

maar haar verbasing was groot oor wat sy gesien het!
the Beast had disappeared
die dier het verdwyn
instead she saw the loveliest prince
in plaas daarvan het sy die lieflikste prins gesien
she had put an end to the spell
sy het 'n einde aan die towery gemaak
a spell under which he resembled a Beast
'n betowering waaronder hy soos 'n dier gelyk het
this prince was worthy of all her attention
hierdie prins was al haar aandag werd
but she could not help but ask where the Beast was
maar sy kon nie anders as om te vra waar die dier is nie
"You see him at your feet," said the prince
"Jy sien hom aan jou voete," sê die prins
"A wicked fairy had condemned me"
"'n Bose fee het my veroordeel"
"I was to remain in that shape until a beautiful princess agreed to marry me"
"Ek moes in daardie vorm bly totdat 'n pragtige prinses ingestem het om met my te trou."
"the fairy hid my understanding"
"die fee het my begrip verberg"
"you were the only one generous enough to be charmed by the goodness of my temper"
"Jy was die enigste een wat vrygewig genoeg was om bekoor te word deur die goedheid van my humeur"
Beauty was happily surprised
skoonheid was gelukkig verras
and she gave the charming prince her hand
en sy het die bekoorlike prins haar hand gegee
they went together into the castle
hulle het saam in die kasteel gegaan

and Beauty was overjoyed to find her father in the castle
en skoonheid was verheug om haar pa in die kasteel te vind
and her whole family were there too
en haar hele gesin was ook daar
even the beautiful lady that appeared in her dream was there
selfs die pragtige dame wat in haar droom verskyn het, was daar
"Beauty," said the lady from the dream
"skoonheid," sê die dame uit die droom
"come and receive your reward"
"kom en ontvang jou beloning"
"you have preferred virtue over wit or looks"
"jy het deug bo geestigheid of voorkoms verkies"
"and you deserve someone in whom these qualities are united"
"en jy verdien iemand in wie hierdie eienskappe verenig is"
"you are going to be a great queen"
"jy gaan 'n groot koningin wees"
"I hope the throne will not lessen your virtue"
"Ek hoop nie die troon sal jou deug verminder nie"
then the fairy turned to the two sisters
toe draai die feetjie na die twee susters
"I have seen inside your hearts"
"Ek het in julle harte gesien"
"and I know all the malice your hearts contain"
"en ek ken al die boosheid wat jou harte bevat"
"you two will become statues"
"Julle twee sal standbeelde word"
"but you will keep your minds"

"maar jy sal jou gedagtes behou"
"you shall stand at the gates of your sister's palace"
"Jy moet by die poorte van jou suster se paleis staan"
"your sister's happiness shall be your punishment"
"Jou suster se geluk sal jou straf wees"
"you won't be able to return to your former states"
"jy sal nie na jou vorige state kan terugkeer nie"
"unless, you both admit your faults"
"tensy julle albei jul foute erken"
"but I am foresee that you will always remain statues"
"maar ek voorsien dat julle altyd standbeelde sal bly"
"pride, anger, gluttony, and idleness are sometimes conquered"
"trots, woede, vraatsug en ledigheid word soms oorwin"
"but the conversion of envious and malicious minds are miracles"
"maar die bekering van afgunstige en kwaadwillige verstande is wonderwerke"
immediately the fairy gave a stroke with her wand
dadelik het die feetjie 'n beroerte met haar towerstaf gegee
and in a moment all that were in the hall were transported
en in 'n oomblik is almal wat in die saal was, vervoer
they had gone into the prince's dominions
hulle het in die prins se heerskappy ingegaan
the prince's subjects received him with joy
die prins se onderdane het hom met blydskap ontvang
the priest married Beauty and the Beast
die priester het met skoonheid en die dier getrou
and he lived with her many years
en hy het baie jare by haar gewoon
and their happiness was complete

en hulle geluk was volkome
because their happiness was founded on virtue
omdat hulle geluk op deugde gegrond was

The End
Die Einde

www.ingramcontent.com/pod-product-compliance
Lightning Source LLC
Chambersburg PA
CBHW012009090526
44590CB00026B/3945